Männer über 60

Männer über 60

Von Franz Forsbacher
mit Zeichnugen von Falko Honnen

TOMUS

ISBN 3-8231-0880-8
13. überarbeitete Auflage.

Inhalt

10 Jahre
10 Jahre
10 Jahre

Viagra wirkt!

Sechzig sein, das war früher ganz anders. Früher kriegte Opa – mit 60 war man Opa, ob man Enkel hatte oder nicht – immer Biovital zum Geburtstag. Oder Doppelherz. Regelmäßig. Literweise. Zwar wäre ihm jede Flasche Schnaps lieber gewesen, aber alle wollten etwas für seine Gesundheit tun. Sagten sie jedenfalls. In Wirklichkeit waren sie froh, so simpel und schnell an ein Geburtstagsgeschenk für den alten Bock gekommen zu sein. Letztlich war es nämlich egal, was Opa geschenkt bekam. Schnaps hätte ihm Oma ohnehin weggenommen.

Und sonst war ja kaum ein Geschenk irgendwie interessant für ihn. Kam ja hinten nicht mehr hoch, der Gute. Mit sechzig, da war man(n) schon ziemlich am Ende. Lebensabend war angesagt, Ruhestand und Weltabkehr. Der kühle Hauch aus der Gruft wehte schon herüber …

Heute laufen die jungen Alten beim Stadtmarathon mit, fahren Inliner, wohnen in der WG oder naschen mal an Enkels Exstasy. Und kriegen von ihren Enkeln ganz etwas anderes geschenkt als Doppelherz oder Biovital.

So geschah es einem dieser neuen Großväter - nennen wir ihn Horst – neulich, als er seinen 60. Geburtstag feierte, dass seine Enkel ihm kein herkömmliches Aufbaupräparat überreichten, sondern eine kleine weiße Pappschachtel mit blauen Pillen. „Für dich, Opa!“ meinte Enkelin Tanja mit einem süffisanten Grinsen, als Horst das rote Geschenkpapier entfernt hatte. „Und für Oma! Es war gar nicht so einfach, das Zeugs aufzutreiben, in Belgien auf dem schwarzen Markt!“

Auch Horst lächelte, allerdings weniger süffisant als säuerlich. „Danke!“ murmelte er gequält. „Und du meinst, dass ich das brauche?“ Oma – nennen wir sie Roswitha – schmunzelte feinsinninng und rieb sich in stiller Vorfreude die Hände. So zumindest deutete Enkel Thorsten ihre Körpersprache. Horst bezog die sichtliche Erregung seiner langjährigen Lebensgefährtin allerdings eher auf die bevorstehende Kaffeetafel und beendete die Präsentation der Geschenke – und besonders des einen, peinlichen – mit den Worten: „Gibt’s bald Kaffee?“

Tags darauf lag das kräftigende Geschenk mit den anderen Geburtstagsgaben auf dem Vertiko im Wohnraum, noch immer halb eingeschlagen in das schwülrote Papier; und obwohl Horst bisher nie an seiner Manneskraft gezweifelt hatte, meinte er jedes Mal, wenn er an dem Möbelstück vorüberging, ein zartes Stimmchen aus der Richtung der Pillen zu hören: „Nimm uns! Probier uns aus! Wir sind gut! Wir machen dich stark!“

Natürlich widerstand Horst den pharmazeutischen Verlockungen mannhaft und dachte nicht im Entferntesten daran, eine Pille einzunehmen. Im Gegenteil: Mit der Zeit nervte ihn die Verlockung sogar, und als ihn das dünne Stimmchen aus der Packung beim Vorübergehen besonders massiv anbaggerte: „Nimm uns! Wir machen dich zum wilden Stier!“ – wischte er die Packung mit einer lockeren Handbewegung vom Vertiko direkt in den daneben stehenden Papierkorb. So. Schluss mit dem Leistungsterror, dachte sich Horst und lümmelte sich auf sein Lieblingssofa, um die Morgenzeitung zu lesen.

Die sonst gewohnte Ruhe und Zufriedenheit verspürte er aber nicht, denn ein Gedanke schlich sich langsam, aber immer penetranter in sein Bewusstsein: „Das kannst du doch nicht machen,

PISA

du leichtsinniger alter Trottel! Was, wenn deine Frau den Papierkorb leert, die Packung übersieht und das Präparat in die falschen Hände gerät?“ Bilder von übererregten Straßenkötern und ultrageilen Sittenstrolchen erschienen vor seinem geistigen Auge. Seufzend rollte Horst sich vom Sofa, und jetzt kam er sich recht alt vor, denn er vermisste die gewohnte Entspannung. Er schlurfte zum Vertiko, beugte sich über den Papierkorb und fand – nichts! Der Papierkorb war leer! Erschrocken wollte Horst nach seine Gattin rufen, richte sich auf, füllte die Lungen mit reichlich Luft für genügend Lautstärke und – ließ sie gleich wieder ab. Die Pillenschachtel lag, wo sie gelegen hatte, auf dem Vertiko. Nun allerdings ohne Verpackung und halb geöffnet. Ein Wink mit dem Zaunpfahl?

Das Wort Zaunpfahl erschien in feurigen Buchstaben vor Horst und veränderte sich zusehends: Zaunpfahl… Zaunpfall… Traumphall… Horst schüttelte den Kopf und wischte die Gedanken fort. Das würde Roswitha doch nicht wollen, daß er sich unzulänglich vorkam … Sie doch nicht!

Das Mittagessen verlief ungewöhnlich still. Nein, es lag keineswegs Ärger oder Verstimmung in der Luft. Eher eine Art erwartungsfroher Erregung, und die Spannung steigerte sich, bis sie körperlich spürbar schien. Die Augen von Horst fanden die von Roswitha, und er sagte die Worte, auf die sie gewartet zu haben schien: „Du meinst, ich soll…?“ – Sie antwortete nicht, sondern lächelte nur dieses rätselhafte Lächeln. Ein stilles Glühen trat in ihre Augen, ganz für ihn allein, ein Gesichtsausdruck, gegen den die Mona Lisa ein plattes Grinsen zur Schau stellte – jedenfalls für Horst. Und dieses Lächeln machte ihn wild wie eh und je, wie beim ersten Mal damals, als Schmidt noch Kanzler war. „Wir müssten allerdings gut eine Stunde warten …“ Er stand auf wie ein Schlafwandler, ging langsam hinüber zu ihrer Seite des Tisches, legte den Arm um ihre Schulter. „Ein Glück, dass man Gemüsesuppe gut aufwärmen kann!“ Sie lachte und legte den Löffel nieder: „Gehen wir zu mir oder zu dir?“

Nachher saßen sie auf dem Zweisitzer im Wintergarten, tranken Tee und umarmten sich dabei, wie sich nur Paare mit so viel Vergangenheit umarmen können. Horst spielte mit der Schachtel und zog den Folienstreifen mit den Pillen heraus. „Schon erstaunlich, wie das Zeugs wirkt! Das blaue Wunder!“ Sie lächelte und meinte: „Besonders, wenn man bedenkt, dass du keine einzige genommen hast!“ Richtig, die Folienpackung war unversehrt, acht blaue Dragees prangten darin und versprachen Lusterlebnisse ohne Ende. „Wozu auch? Ich hätte keine Stunde warten können. Nicht einmal zwei Minuten! Und was machen wir jetzt damit? Aufheben für später, wenn du 80 bist?“ – „Na, was schon? Recyceln!“ lachte er. „So?“ Sie sah ihn skeptisch an. „Willst du sie in die Apotheke bringen und lauthals verkünden, dass du so etwas nicht brauchst?“ – „Meinem Mannesstolz würde das schmeicheln!“ meinte Horst. „Aber ich habe eine bessere Idee! Mein Freund Walter hat doch immer …“ Er hielt inne, denn ihr Blick sagte ihm: ‚Das will ich jetzt gar nicht wissen, das ist Männersache!‘

So kam es, dass beim nächsten Treffen der Skatrunde nicht nur 3,60 DM, sondern auch eine Schachtel mit acht blauen Kraftspendern den Besitzer wechselten. Und dass Walter noch am späten Abend bei Horst telefonische Auskunft über den Erfolg gab: „Es war wie immer. Nur dass ich alles blau gesehen habe und knalltote Ohren hatte – wegen der guten Durchblutung!“

Viagraaah!!!
Wieviele von den Dingern hast du geschluckt?

Lebensplanung Familie Spieß
2000
2005
2010
2020
2030
2040
Hausbau
Kind 1.
Neuer Wagen
Beförderung
Abitur Kind 1
1. lebensversicherung
Kind 2.
Urlaub
Vertrag für..
Sparvertrag 1.
Bausparvertrag
Kind 1.
2. lebensversicherung
Sparvertrag 2.
Hausanbau
Bausparvertrag 2.
Unfallversicherung
Rechtschutzversicherung
Schwachsinnsversicherung
Versicherung gegen Versicherungen

Wer ist denn hier alt?

Mein Enkel ist jetzt 24 geworden. Netter Junge an sich, Bankkaufmann, Sven mit Namen. Wäre da nicht diese seltsame Eigenschaft, diese übersteigerte Sicherheitsbedürfnis. Sein Auto hat mindestens vier Airbags, aber das ist es nicht allein.

Vorgestern hat er gerade seine dritte Lebensversicherung abgeschlossen. „Opa, man weiß doch nie, wie es kommt!“ sagte er und unterzeichnete den Vertrag. Gegen meine Bedenken. „Und morgen kommt die Bausparkasse dran.“

Flexibel, spontan, lebenslustig, leichtsinnig und ein bisschen gaga – so sollten Jugendliche sein. Oder lieg’ ich da so falsch? Sven jedenfalls lebt genau nach Terminplan.

Nicht, dass er die kommende Woche verplant hätte, stört mich. Das auch, aber es ist viel schlimmer. Er hat die nächsten 30 Jahre verplant …

„Analyse, Planung, Strategie!“ bejubelt er sein Konzept. „Du musst früh wissen, wo du hinwillst! Sonst bringst du es heute zu nichts!“

Schade um Mona, seine Verlobte. Ein so nettes junges Ding, dachte ich noch. Was würde ich in seinem Alter mit so einem Mädchen anstellen? Er lässt nicht den Liebhaber, sondern den Bauherrn raushängen. „Das Grundstück kaufe ich noch dieses Jahr, das Haus steht im Herbst 2001 im Rohbau, bezugsfertig ist es im Frühjahr 2002. Im Januar 2003 kommt unser erstes Kind. Ronja, wenn es ein Mädchen wird, Ron, wenn es ein Junge ist! Im Sommer 2003 fällt der Urlaub aus, dafür fliegen wir im Jahre 2004 in die Karibik. Das Kind bleibt bei den Großeltern.“ – „Mütterlicherseits!“ warf ich ein, denn seit meine Frau vor drei Jahren in neuer Liebe entbrannt war, lebe ich allein. Sven stimmte zu, hielt aber in seinem Höhenflug nicht inne.

„2006 kommt das zweite Kind“, erklärte Sven. „Dann bin ich Filialleiter und wir können uns das leisten. Wenn der Sparvertrag ausläuft, ist auch Geld für einen größeren Wagen da!“

„Ach ja“, staunten Mona und ich über so viel Weitblick. „Und dann?“ fragte ich provokativ, in der Hoffnung, ein „Keine Ahnung!“ oder Ähnliches zu hören.

„Im Jahre 2012 kommt der Anbau aus steuerlichen Gründen“, sinnierte er. „Und etwa 2024 wird das Haus verkauft.“

„Verkauft?“ staunte Mona. „Und wo soll ich mit den Kindern hin? Die armen Kleinen verlieren ihr Zuhause!“

„Die Kinder sind dann schon aus dem Gröbsten raus.“ beruhigte Sven. „Kind eins ist 20, Kind zwei 18 Jahre alt. Und das Haus ist für uns zu groß. Außerdem steigt mein Gehalt dann so weit, dass wir neu bauen müssen.“

„Aus steuerlichen Gründen?“ fragte ich nach.

„Genau!“ meinte Sven. „Kompliziert, aber ich hab’ das im Griff!“

„Was für ein Glück“, seufzte Mona. „Und wo machen wir 2026 Urlaub?“

Gestern kam Mona überraschend bei mir vorbei. „Sag mal, ist der immer so? Seit ich ihm das Jawort gegeben habe, verplant der mich!“

„Postinfantile Zukunftsangst!“ versuchte ich Sven in Schutz zu nehmen. „Wenn er erst in den Dreißigern ist, legt sich das.“

„Und was mach’ ich bis dahin?“ Mona blickte echt verzweifelt. „Morgen zum Beispiel will er mich unbedingt seinem Filialleiter vorstellen!“

„Und?“

„Ich kenn' den Typ! Aalglatter, fieser Schleimer! War früher mal in der gleichen Firma wie ich", beklagte sie sich. „Karrieregeil ohne Ende! Und wenn Sven so weitermacht, ist er auch bald so ein A…"

„… angesehener Mitbürger!" fiel ich ihr vorsichtshalber ins Wort. „Was stört dich daran, dass Sven für seine Familie sorgen will? Seine Träume verwirklichen."

„Erstens hat er noch gar keine Familie, und zweitens sind das nicht meine Träume."

„Ach so. Und wovon träumst du, wenn ich fragen darf?"

„Hmmm … lass mich mal überlegen …", ihre Augen blickten in verträumte Fernen. Ihre Zunge fuhr über die sinnlichen Lippen. Ja, sieht denn der Junge so etwas nicht, fragte ich mich …

Übermorgen fahren Mona und ich nach Venedig. Ohne ihn, wir zwei allein. Das könnte ganz überraschend mein zweiter Frühling werden ...

Oh sole mio!!
100 PS
POWER GONDEL

Tante Walburga, Onkel Franz! Ihr seht wieder aus wie zwei ganz berühmte Filmstars.
King Kong
Dr. Frankenstein

Die bucklige Verwandtschaft

Wir könnten wer weiß was tun, wenn ich mich mit Andrea treffe. Andrea ist die nette Mitfünfzigerin aus der Grafenstraße, mit der ich am Mittwoch Nachmittag immer Tee trinke. Nein, es liegt nicht am Alter, dass wir nicht sexuell in Aktion treten. Auch ich als Sechzigjähriger verspüre deutliche Impulse in dieser Richtung, aber wir haben Besseres zu tun.

Warum immer mittwochs? Keine Ahnung, das hat sich einfach so ergeben. Eines Tages traf ich sie im Botanischen Garten, wir haben uns nett unterhalten und dann habe ich sie zu einer Tasse Tee eingeladen. In der darauffolgenden Woche trafen wir uns durch Zufall (?) wieder, und irgendwie ist dann eine feste Einrichtung daraus geworden. Der Ablauf ist immer derselbe: Andrea bringt Kekse oder Kuchen mit, ich sorge für guten Tee und wohlschmeckende geistige Anregung danach, und uns beiden ist dieser Termin lieb geworden. Wie gesagt, wir könnten wer weiß was tun, wenn wir uns treffen, denn sie ist eine attraktive Frau und auch ich bin recht agil für mein Alter. Aber wir sitzen einfach da, trinken Tee, reden … Leute in unserem Alter tratschen eben gern, ganz unabhängig von erotischer Anziehung. Und mit dem Reden entsteht eine ganz besonders persönliche Art von Sympathie.

Worüber wir reden? Zuerst haben wir über das Wetter geredet, dann über verschiedene Krankheiten und Gebrechen, im weiteren über unsere diversen Liebschaften und Beziehungen und dann fanden wir zu unserem Thema: die lieben Verwandten. Und ob Sie es glauben oder nicht: Daher bekommt unser Date ja gerade den Pfeffer.

Es begann bei einem unserer ersten Treffen, als ich ganz beiläufig über meinen Onkel Franz berichtete, der sich auf Familienfesten – zunächst sehr zum Entsetzen der übrigen Verwandten – eine Gabel ins Holzbein zu stechen pflegte. Unterdessen ist diese Vorführung zum festen Bestandteil jeder Feier geworden, und Onkel Franz geht die Angelegenheit recht professionell an. Er sitzt, umringt von der ganzen Sippe, auf einem Stuhl und tut es. Unterdessen benutzt er bereits Steakmesser oder Fonduegabeln. Die jeweils ruinierte Anzughose wird durch eine verwandtschaftliche Spendensammlung in seinem geräumigen Filzhut ersetzt. Gehässige Familienmitglieder neiden ihm seinen Erfolg und hoffen, dass er eines Tages die Beine verwechselt.

Andrea konterte meine abenteuerliche Geschichte mit einem Bericht über ihre Großtante Grete, die lange Zeit an rätselhaften Leiden litt, immer am Rande des Todes zu schweben schien und sich sechs oder sieben Mal die letzte Ölung verpassen ließ, weil sie den Pfarrer so nett fand.

Oh, Mann, das macht Spaß, über die buckelige Verwandtschaft herzuziehen! Bei jedem unserer Treffen fanden wir neue Erfahrungsbereiche der menschlichen Existenz, in denen unser beider Verwandten agierten.

Zunächst ging es um Einschleimer, Ranschmeißer, Pflichtbesucher, Nervensägen, Abstellkinder und andere alltägliche Verwandte. Benno mit den Blumenkohlohren. Die dicke Tante Erna. Der ständig unter Strom stehende Vetter Holger. Die Großtante Helga, die Kontaktanzeigen aufgab, nur um mit den Bewerbern um ihre Gunst gut und kostenlos zu Abend zu essen. Die Schwester Roswitha, die über alles und jeden herzog, was wir ja niemals tun würden.

Später dann wurden unsere Themen literarischer, feinsinniger, ja, richtig tiefschürfend. Einmal ging es darum, wer die zärtlichsten Liebesbeweise auszudrücken verstand. Hier konkurrierte mein Großonkel Harry mit Andreas' Großvater Jupp. Großvater Jupp war damals in den schlechten Zeiten in nur zwei Tagen mit dem Fahrrad von Frankfurt nach Osnabrück geradelt, um seiner späteren Gattin einen Antrag zu machen. Er wurde aber von meinem Großonkel Harry mühelos geschlagen, weil dieser eine lebensgroße Statue seiner Angebeteten aus Marzipan hatte fertigen lassen. Die Dame seiner Wahl erhörte ihn dennoch nicht, aber die Marzipanmassen legten den Grundstock für sein späteres gewaltiges Übergewicht. Die Dame war einfach zu süß …

Dann wieder ging es um Akte der Menschlichkeit. Andreas' Nichte Vera hatte im kalten Winter 1969 eine Gruppe von Obdachlosen in ihrer Garage Unterschlupf gewährt, hatte die Herren mit Bier, Würstchen und Kartoffelsalat bewirtet und sogar einen Streit mit ihrem uneinsichtigen Gatten vom Zaun gebrochen, der seinen Wagen draußen stehen lassen musste und so am nächsten Morgen über vereiste Scheiben zu klagen hatte. Nichts gegen die großherzige Tat meiner Tante Lissie, die ihre Villa im Taunus einer verarmten Adelsfamilie aus Transsylvanien schenkte, die dort schnell heimisch wurde und fürderhin für abwechslungsreiche Nächte sorgte.

In der Tat: Unsere Schilderungen eskalierten von Mal zu Mal. Wir zerrten Freaks und Verrückte aus den Wurzelbereichen unserer Stammbäume hervor, und im Nachhinein glaube ich nicht mehr an die tatsächliche Existenz aller Vertreter der jeweiligen Linien. Zumindest sind bei manchen Zweifel angebracht. Nehmen wir Ortwin Graf von und zu Geusleben, Andreas' Urgroßneffen, der den Verbrennungsmotor lange vor den Herren Otto und Daimler erfand, aber samt den Aufzeichnungen über seine Erfindung auf einer Testfahrt im Hohen Venn im Moor verschwand. War er ein Hirngespinst, entsprungen Andreas' erzählerischer Fantasie oder wirklich existent? Oder meine Großtante Thekla, die als einzige Frau Roald Amundsen zum Südpol begleitete, aber etwa dreißig Meilen vor dem Ziel umkehrte, weil sie ihre Frisur und Garderobe für einen so feierlichen Anlass wie eine Polbegehung unpassend fand und weder ein Damenbekleidungsgeschäft noch ein Friseursalon in der Nähe waren …

Bei einem anderen Treffen ging es um Boshaftigkeiten, und auch hier steigerten wir uns enorm. Die Geschwister, die sich in den Haaren lagen, die verfeindeten Brüder, die sich gegenseitig das Finanzamt auf den Hals hetzten und sich so in den Ruin trieben, das spinnefeindliche Ehepaar, des weiblicher Teil von einer Urlaubsreise in den Süden nicht zurückkehrte und zudem die gemeinsame Kasse hatte mitgehen lassen … Kürzlich hatte wir das Thema sozialer Abstieg – auch recht unterhaltend. Meine Kusine Sonja, zuerst Schwesternschülerin, dann im leichten Gewerbe tätig. Andreas' Bruder Paul, der sein florierendes Unternehmen im Casino verspielte und der Sonjas Freundin Inge geheiratet hatte, die später Mitglied in einer obskuren Sekte wurde … Wir hatten Gesprächsstoff der Extraklasse, und der Tee und später der Sherry flossen in Strömen.

In der letzten Woche hatten wir allerdings ein besonderes Thema, angeregt von Andrea: Wie passen eigentlich meine Verwandten zu deinen?

Mein Schwager Fred würde sich gut mit dienem Bruder Fritz unterhalten, denn beide sind ausgesprochene Tennisfans, meinte Andrea. Meine Stiefschwester Gesine könnten wir mit deinem Vetter Theo verkuppeln, denn der mag ja auch Kinder und würde sich nicht an den drei goldigen Schätzchen aus erster Ehe stören, schlug ich vor. Überhaupt: Unsere Verwandtschaften passen gut zueinander.

Nächste Woche fällt unser Treffen allerdings aus. Da heiraten wir nämlich. Wir beide, Andrea und ich, sind übereinstimmend der Ansicht, dass wir unsere Verwandtschaftsverhältnisse nun gut genug kennen und endlich daran arbeiten sollten, uns persönlich näherzukommen. Wir beide sind total gespannt darauf, was geschieht, wenn unser beider Verwandten aufeinander treffen …

Wir haben den Großen Saal im Schlosshotel gemietet, und es werden gut 200 Gäste erwartet – größtenteils Verwandtschaft. Es wird Champagner geben und Bier, Kaviar und Currywurst, für jeden das Richtige. Vetter Holger wird wieder völlig knülle sein, Tante Helga wird essen bis zum Umfallen, denn es ist ja umsonst, und einer der Höhepunkte des Abends wird Onkel Franz sein, der

sich wieder Spitziges ins Holzbein stößt. An Gesprächsstoff für ein Leben zu zweit wird es uns in den kommenden Jahren nicht mangeln, denn es werden sich Geschichten ereignen auf unserem Fest…

Wenn auch sie vorbeischauen wollen – Sie sind herzlich eingeladen.

ZAZIKI

Gib Opa Küsschen!

„Hatatatata hui hui hui!“ Nein, Sie hören nicht Ernst Jandl im Originalton, sondern Tante Monika, die voluminöse Schwester meiner Schwiegertochter, die ihrem Enzücken über die Geburt eines Neffen Ausdruck zu verleihen versucht. „Bullewullebullewulle!“ ergänzt sie jetzt noch und schüttelt ihre Pfunde in aufwallenden Muttergefühlen. Ich, der Großvater des Kindes, stehe daneben und staune offenen Mundes. Jetzt hebt sie den neuen Erdenbürger gar aus dem Stubenwagen gen Himmel und schüttelt ihn, als wolle sie auf diese Weise die Windeln entleeren. Das Kind schaut skeptisch, lächelt dann trotz seines zarten Alters nachsichtig. Sie missdeutet so viel Duldsamkeit als Aufforderung zu neuen Taten. „Gutti gutti gutti gutti …“

„Sag mal, Moni…“, versuche ich sie von dem armen kindlichen Opfer abzulenken. „Hast du schon von der Orangen-Sahnetorte probiert?“ Ihr

Blick schweift kurz in meine Richtung, sie hält inne, mehrere Groschen fallen. Dann beutelt sie das Kind erneut und äußert danach mit klebrigsüßer Stimme: „Gib Opa Küsschen, Schatz! Gib Opa Küsschen!"

Das Baby hat weder die semantische Kompetenz noch die motorischen Fähigkeiten, um ihrem Ansinnen Folge zu leisten. Da sie diese weiß, schleudert sie den Säugling an ausgestreckten Armen in meine Richtung und nähert ihn meiner behaarten Wange.

„Gib Opa Küsschen!" Wie viel Beschleunigung hält so ein Kleinkind unbeschadet aus?

Verzweifelt versuche ich nach hinten auszuweichen, aber da ist die Wand. Blitzschnell klatscht sie mir den Säugling aufs Gesicht. Karottenbrei auf meinem linken Brillenglas, Speichel tropft auf meinen guten Einreiher. Der Duft einer vollen Windel umwölkt mein Hirn. Ich atme hektisch, kann nach links ausweichen und entkomme so in die Küche. Puh! Mit dem Trockentuch reinige ich meine strapazierten Züge, lasse mich auf einen Stuhl fallen. Da kann man ja zum Kinderhasser werden!

Anlass für die Knutschveranstaltung ist übrigens die Geburt von Johannes, meines ersten Enkels, Sohn meines Sohnes Tom und seiner

Ehefrau Sabine, die heute zum Tauffest geladen haben. Alle, alle sind sie gekommen. Während ich mich erhole, über alle Zweige und Verästelungen unseres Verwandtschaftsbaumes nachdenke und deren Anwesenheit im Geiste überprüfe, klingelt es an der Tür. Es ist Gerda, meine Lieblingsschwester, und sie hat Angie, ihre Nichte dabei. Angie ist fünf, zugegeben ein süßes Kind und … „Gib Opa Küsschen!"

So musste es ja kommen! Wieder suche ich zu entrinnen, doch diesmal ist es das flinke Kind, das mich einholt. Schmatz, klatscht es auf meine Wange, feucht wie die Tropen, klebrig wie ein Dauerlutscher. Warum knutschen Kinder auf Kommando? Sind sie Knutschmaschinen? Schmuseroboter? denke ich und entweiche künstlich lächelnd. Kippe im Herrenzimmer mit meinem Bruder Franz und dem Pastor ein paar Schnäpse auf den Nachwuchs und atme wieder auf. Jetzt habe ich eine Fahne. Vielleicht schützt das vor weiteren Attacken. Gerissen, wie ich bin, schiebe ich mich am Büffett vorbei und nasche von allem, was den Atem trübt. Tsatsiki, Anchovis, Räucherlachs … Jetzt müsste mein Schutzschild stehen. In einem Meter Abstand das Fischaroma, auf fünfzig Zentimeter die Knoblauch-Falle, dahinter der brennende Geruch reinen Alkohols.

Wieder die Türglocke. Kusine Anna mit drei süßen Fratzen. „Gebt Opa Küsschen!“ Keine Fluchtmöglichkeit, ich bin von Kindern eingekesselt. Knutsch, schmatz, schlabber!

„Opa stinkt nach Fisch!“ krakeelt Dina.

„Nein, nach Knoblauch!“ streitet Kevin.

„Nach Snaps!“ ruft Lisa, die Kleinste.

„Nach Fisch!“

„Nach Knoblauch!“

„Nach Snaps!“

„Nach Fisch!“

„Nach Knoblau…“

„Ruhe!“ höre ich mich schreien. „Ich stinke nach Fisch, nach Knoblauch und nach Schnaps!“

Zum Glück rettet mich mein Sohn, der die Kinder mit einer Maxipalette Mohrenköpfe ablenkt. Ob er etwas ahnt? Ich denke entsetzt an all die Abschiedküsse mit Sahnebrei und Schokoschmiere. Der Verzweiflung nahe hangele ich mich an Verwandten entlang zur Hausbar. Cognac? Zu mild. Ratzeputz? Schon besser! Stroh-Rum? Das ist gut, sehr gut! Zu allem entschlossen kippe ich ein Dreifachglas. Das desinfiziert innerlich und äusserlich. Beim nächsten Knutschanfall werde ich Feuer spei…

„Ja sag mal, Georg! Bist du es wirklich, mein Schnuckelchen?“ Das Unheil kommt von hinten.

Unbemerkt hat sich meine Kusine Helga angeschlichen, mit der ich damals gewisse Jugendsünden ausgelebt habe. „Gibt es dich noch!" Sie wabert heran, und ich denke daran, wie rank und schlank wir doch damals alle waren. Ihre kraftvollen Arme umfassen mich, ihr voller Mund (voller Buttercreme) nähert sich meinem, ich spüre den Odem von Kaffee und Eierlikör und denke im Wahn „Gib Opa Küsschen! Gib Opa Küsschen!" Immer wieder: „Gib Opa Küsschen!" Dann wird mir schwarz vor Augen.

Endlich wieder zu Hause, wenn auch im Krankenwagen. „Eine kleine Kreislaufschwäche, verursacht durch zu viel Essen und vor allem Trinken …" Hat der eine Ahnung, der Notarzt. Ursache *Knutscheritis vulgaris,* aber die kommt in seinen schlauen Büchern nicht vor. „Ich bin ja so froh, dass es nichts Ernstes ist!" höre ich meine Gattin sagen. Nichts Ernstes! Dass ich nicht lache! Todernst war die Lage, sie war noch nie so ernst… „Du warst trotz allem ein hervorragender Großvater heute!" tröstet mich meine liebe Frau und spitzt die Lippen, um mich mit einem Kuss zu belohnen. Ich wende mich entsetzt ab, schüttele mich. „Nee, wirklich nicht! Genug geknutscht für heute."

Ob Sie das verstehen kann? Aber zum Glück versteht sie ja fast alles.

60
60

Der Finanz-Guru

Spüren Sie es auch, dieses Guru-Gefühl? Diese zufriedene Gelassenheit, diese klargesichtige Überlegenheit? Alles ist transparent, Antriebe und Motivationen Ihrer Mitmenschen sind offensichtlich, und eines ist immer sicher: Sie schweben wie der Geist über den Wassern.

Sie haben die Übersicht, könnten alles steuern und zur Zufriedenheit aller regeln – wenn man man Sie nur lassen würde!

Irgendwann packt es jeden, das Guru-Gefühl. Schließlich haben Sie in Ihrem langen und erfüllten Leben Erfahrungen gemacht, Vergleichswerte gesammelt und Menschen und ihre Charaktere kennen gelernt. Und nun verspüren sie den Drang, nein, es ist die Berufung, allen ihren Mitmenschen aus diesem reichen Schatz Wissen zu vermitteln, sie daran teilhaben zu lassen, ihnen Hilfen auf dem steinigen Weg mitzugeben. Manche gehen in die Politik, andere wenden Ihr reifes, tieferes Wissen auf die Familie an – oder versuchen es zumindest.

„Schließlich habe ich in meinem langen und erfüllten Leben Erfahrungen gemacht, Vergleichswerte gesammelt und Menschen und ihre Charaktere kennen gelernt!" Herr Blumenau ist gerade 60 geworden, und auch ihn überkommen gelegentlich Anwandlungen von Weisheit. Besonders in Situationen wie dieser: Sein Sohn Matthias will in die Firma des ligeriabischen ALAWATU-Konzerns einsteigen und will dabei in einer gewagten Transaktion sein ganzes Vermögen riskieren. Ein Warentermingeschäft mit Naturprodukten.

„Eine Firma, die 100 Prozent Dividende in vier Wochen anbietet, kann nicht solide sein!" Herrn Blumenau stehen die Haare zu Berge, nachdem er den Vertrag überflogen hat. „Alles in Maßen – auch der Gewinn! Und dann der Firmenzweck: Im- und Export ligeriabischer Yak-Wolle. Braucht ja heutzutage jeder …"

„Mensch, Vater, nun sei doch nicht so negativ! Naturnahe Materialien sind der Renner am Markt! Und was kann ich denn schon verlieren?" Matthias war sichtlich erregt, denn sonst trank er sein Bier langsam und mit Genuss. Jetzt kippte er sich das Glas in einem Zug hinter die Binde.

„Wenn es schief geht, krieg' ich meine Einlage zurück! So steht es im Vertrag. Wenn es gut geht, verdoppel' ich meinen Einsatz in vier Wochen!"

„Warum machst du nicht was Solides mit deinem Geld und gehst ins Casino, Junge?" rät Herr Blumenau seinem Sohn. „Du setzt die ganzen 40.000 DM auf Schwarz und hast eine reelle Chance 1:1. Frisch gewagt ist halb verloren!"

„Ach, hör doch auf mit deinen Altersweisheiten!" Matthias ist richtig sauer. „Du tust gerade so, als ob ich mein Geld verzocke!"

„Nicht?" Herr Blumenau blättert noch einmal in den Papieren."Oh, entschuldige, ich habe was übersehen! Das ist ja ein richtiger Vertrag! Mit Unterschriften und Amtsstempeln – schön bunt übrigens – und sogar der Gerichtsstand ist angegegeben ... Grischnivultu ...! Wo liegt denn das eigentlich?

„Tut das was zur Sache?"

„Ach, nur am Rande!" Herr Blumenau betrachtet seine gepflegten Fingernägel. „Wenn es eine juristische Meinungsverschiedenheit gibt, reist du einfach nach Grischnivultu ... ich meine, wenn du herausfindest, wo das liegt!"

„Mensch, Vater, dir fehlt jeder Sinn für das Risiko!"

„Im Gegenteil, ich kann das gut abschätzen!"

„Wie heißt doch das Sprichwort? Wer sich in Gefahr begibt, kommt darin zu Reichtum! In eine solche Sache würde ich unbedingt einsteigen!“ hört sich Herr Blumenau sagen.

„Grischnivultu ...!“

„Du siehst immer nur die Schattenseiten!“ empört sich Matthias. „Gut, Ligeria liegt nicht gerade vor der Haustür. Aber schließlich sind alle Partner angesehene ligeriabische Bürger!“

„Genau!“ Herr Blumenau. „Der Honorarkonsul von Abgraifistan, der Botschafter von Egungun Pleti, der Obermufti von Konkursia, und ... du, den hier kann ich nicht lesen, aber in seinem Dienstsiegel ist eine Krone – König Kalle Wirsch?“

„Mensch, Alter, nun sei doch nicht so fremdenfeindlich! Die Welt ist heute ein Dorf!“

„Und du bist dabei, dich zum Dorftrottel zu machen!“

Sparen Sie sich den Stress, Herr Blumenau, es hört Ihnen eh keiner zu. Ihre Kinder am wenigsten. Oder hätten Sie auf Ihre Eltern gehört?

Fünf Wochen sind ins Land gegangen, seit die schönen blauen und braunen Scheine sich gegen Herrn Blumenaus Rat in digitale Signale verwandelt haben und als Überweisung zunächst in

Hier, isse gutä Investitione für Ihre Monetas, Seniore. Sonnenbankstudios für Saudi-Arabien und hier Kühlschränke für Lappland!
JACKPOT

helvetischen, dann aber in afrikanischen Weiten verschwunden sind. Nach vier Wochen sollten sie eigentlich schon zurück sein und ein paar weitere Scheinchen mit sich bringen.

„Da kann es schon mal Verzögerungen geben!“ tröstete sich Matthias. „Vielleicht ist in Ligeria der Computer der Zentralbank ausgefallen …“

„Sicher“, stimmt ihm Herr Blumenau zu. „Ein C64 der ersten Generation. Da kommt so etwas schon mal vor … Oder der Finanzrat der Sieben Stämme hat die Transaktion nicht genehmigt!“

„Schon möglich!“ meint Matthias gedankenversunken.

„Vielleicht solltest du etwas Backschisch hinterhersenden! Ein paar Tausender hier, ein paar dort … Bestechung ist in diesen Ländern ja eine Art folkloristischer Brauch!“ rät Herr Blumenau. „Gut geschmiert ist halb gewonnen.“

„Mußt du auch noch Salz in meine Wunde streuen?“ Matthias ist richtig sauer.

„Nimm es nicht so hart, mein Sohn! Man wächst an den Verlusten“, erklärt Herr Blumenau altersweise. „Erfolge machen dumm, Niederlagen stärken!“

„Das kann ich jetzt genau brauchen: Sprücheklopfer!“

Nun wartet Matthias schon seit weiteren vier Wochen auf die Überweisung des versprochenen Profits. Genauer gesagt: Auf den Gewinn wartet er schon seit zwei Wochen nicht mehr, es würde ihm schon genügen, wenn seine eigenen blauen und braunen Scheine zurückkehren würden. So steht es schließlich im Vertrag: Sollte die Transaktion nicht zu einem erfolgreichen Abschluss geführt werden können, so werden die Einlagen der Partner abzüglich einer angemessenen Bearbeitungsgebühr zurückgezahlt.

„... abzüglich einer angemessenen Bearbeitungsgebühr ...“ Herr Blumenau wiegt den Kopf hin und her. „Geniales Vertragswerk! Herrlicher Gummiparagraph!“

„Du hast gut reden mit deinen Deutsche-Bank-Aktien!“ Alle dreißig Minuten stellt Matthias eine Online-Verbindung zur Bank her und sieht immer wieder von neuem den traurig rot gefärbten Kontostand. „Aber langsam mache ich mir auch Sorgen. Sollte das Ganze ein einziges Betrugsmanöver sein?“

„Mensch, Junge! Wie klarsichtig! Da wäre ich nie drauf gekommen!“

Dann schließlich, am Freitagabend um 22.32 Uhr, die erlösende Überweisung. Matthias hat es zuerst gesehen. „Da! Staatsbank von Ligeria! Die Überweisung!“

Herr Blumenau setzt die Lesebrille auf und entziffert vom Bildschirm: „Zwölf Mark achtzig – Rücküberweisung der vertragsgemäßen Einlage, abzüglich einer angemessenen Bearbeitungsgebühr …“ Sein Gesicht nimmt den Ausdruck von Hochachtung an. „Ich muss zugegeben, Junge: Damit habe ich nicht gerechnet. Für so solide habe ich die Firma nicht gehalten! Mein Glückwunsch!“

„Aber …“ Matthias ringt nach Atem. „Das ist doch Betrug! Und du hast mich da hineingetrieben mit deinen dummen Sprüchen und Weisheiten …“

„Oh, das tut mir Leid, entschuldige!“ Herr Blumenau mimt den schuldbewussten Sünder. „Aber einen letzten Rat kann ich mir nicht verkneifen: Denke zur Zeit, dann hast du in der Not!“

Matthias schluckt an der bitteren Pille, doch dann regt sich etwas in ihm. Eine Erinnerung macht sich bemerkbar, er lauscht ihr nach. „Sag mal, Daddy, kannst du dich noch erinnern, woher du deine Erfahrungen in Finanzdingen hast?“

Herr Blumenau stutzt. „Äh, nein, nicht so genau … Ich nehme an, aus allgemeiner Erkenntnis oder …“

„War da nicht etwas in den siebziger Jahren, diese Bankneugründung mit dem grünen Image, an der du beteiligt warst? Mutter hat mir da was erzählt …“

„Ich?“ Herr Blumenau fühlt sich irgendwie ertappt. „Ach, na ja, die jungen Jahre, man sammelt Erfahrungen, macht Fehler – in begrenztem Umfang, versteht sich …“

„Der Müsli-Crash!“ freut sich Matthias, den richtigen Begriff gefunden zu haben. „Damals hast du doch mindestens …“

Blenden wir uns hier aus, denn jetzt könnte es familiär und etwas peinlich werden. Aber so ist das mit der Altersweisheit, mal kritisch betrachtet. Mann vergisst die eigenen Fehler und betrachtet die der anderen mit dem Vergrößerungsglas. Und Vergrößerungsgläser zeigen an, dass man nicht mehr so ganz genau sieht. Zumindest nicht die Details. Und deshalb schweigt der echte Weise. Er könnte nämlich etwas übersehen haben – in seiner eigenen Vergangenheit.

Das Alphabet des Hausdrachens

Single mit 60? Einsame Abende in der tristen, leeren Wohnung? Keine Menschenseele, die an dich denkt? Nur keine Panik! Neulich – es war an einem schönen, einsamen Wochenende, habe ich mich einmal hingesetzt und überlegt, wie gut es doch meinen verbandelten Freunden geht mit ihren Lebensgefährtinnen (und -gefährten) und welche Vorteile sie aus der Zweisamkeit ziehen. Das Ergebnis war überwältigend: ein Alphabet des Hausdrachens. Seither weiß ich genau: Ich bleibe Single!

Anton darf abends nicht in die Kneipe. Tagsüber übrigens auch nicht. Seine Frau findet, dass sich in Kneipen nur asoziales Gesindel herumtreibt.

Berthold ist Frührentner, darf aber morgens nicht länger als neun schlafen. Seine Frau kann Penner und Tagediebe nicht ausstehen.

Claus ist erzwungenerweise Antialkoholiker. Seine Freundin glaubt, dass Alkohol das Tier im Manne weckt, und das möchte sie nur an jedem dritten Mittwoch im Monat geweckt wissen. Außerdem isst Claus fettarm – wenn sie dabei ist.

Dieter verbringt 80 Prozent seiner Zeit in der Garage. Dort bastelt er an seinem Motorrad (das erzählt er seiner Frau). In Wirklichkeit trinkt er Wodka (der macht keine Fahne), bumst eine aufblasbare Sexpuppe und erfindet neue frauenfeindliche Flüche.

Emil raucht bei minus 15 Grad auf dem Balkon. Im letzten Dezember wäre er fast erfroren.

Ferdinand trägt Selbstgestricktes, obwohl er Pullover hasst. Er bringt es: a) nicht fertig, seinem Freund Detlef diese Abneigung mitzuteilen, und befürchtet b) dass dieser dann womöglich mit Makramee, Seidenmalerei oder Schlimmerem anfängt.

Georg darf das Wohnzimmer nur mit Pantoffeln betreten, und das auch nur an den Wochenenden. Das Parkett ist bereits versiegelt. Knabbergebäck beim Fernsehen ist verboten und bleibt in der versiegelten Vakuumpackung. Die Tür des Wohnzimmers wird sonntags um 20.00 Uhr für den Rest der Woche versiegelt. Dass in diesem Haushalt auch die Kasse, der Kühlschrank und sonst so einiges versiegelt ist, liegt auf der Hand.

Horst darf nicht in der Nase bohren und musste sein Aquarium abschaffen. Seine Frau fand Ersteres zu unhygienisch und Letzteres zu hektisch. Oder umgekehrt.

Ignaz darf keine Zwiebeln essen, nicht mehr furzen und nicht mehr mit seinen Freunden Skat spielen. Seither ist er Naturfreund. Er isst seine Zwiebeln außerhäusig, furzt in der freien Natur wie ein wilder Eber und spielt im Naturfreundehaus mit seinen Freunden Skat. Seine Frau kommt dabei nicht vor.

Jürgen muss jeden Morgen joggen, bei jedem Wetter. Schließlich soll er fit bleiben. Er fragt sich nur, wozu. Deshalb hat er eine Joggingvermeidungsstrategie entwickelt. Er verlässt das Haus

Otto, willst du noch'n Nachschlag?
Danke, bin satt!

gegen 7.00 Uhr. Für den Fall, dass es regnet, hat er hinter den Mülltonnen einen Schirm deponiert. Um 7.05 Uhr läuft er in Jupps Kaffeebude ein und frühstückt ausgiebig. Gegen 7.45 Uhr versaut er sich in einer eigens hinter der Bude angelegten Schlammpfütze Schuhe und Hose, sprüht sich das Gesicht mit einem Gemisch aus Wasser und Babyöl ein, das er in der Kaffeebude deponiert hat („Schweißperlen!“), und „joggt“ nach Hause …

Kurt darf kein Fleisch mehr essen. Seine Frau glaubt an irgendeinen Yogi, der auch kein Fleisch mag. Immer wenn seine Frau im Ashram meditiert, schlachtet er im Keller Lämmer und feiert wahre Blutorgien. Meint seine Frau – in Wirklichkeit geht er nur ins Steakhaus.

Leonhard muss sonntags Schlips und Kragen tragen. Außerdem gibt es diese Woche keinen Sex, weil er die Frauengruppe seiner Freundin durch machohaftes Auftreten beleidigt hat. Abends schießt er im Bastelkeller mit dem Luftgewehr auf Bilder seiner Frau.

Martin darf nicht mehr fluchen. Seither benutzt er feinsinnige Ironie und macht sarkastische Bemerkungen. Die versteht seine Frau nicht.

Otto isst jeden Dienstag Dicke Bohnen, obwohl er Bohnen hasst. Er hasst sie ebenso wie das Sauerkraut montags, den Hackbraten mittwochs, die Stampfkartoffeln donnerstags, den Bratfisch frei-tags, die Erbsensuppe samstags und die Kohlrouladen sonntags. Er hat sich in seine Hose eine Plastiktasche einnähen lassen, in der er das Essen verschwinden lässt. Meist stirbt einer der Nachbarshunde, wenn er den Fraß nachmittags verfüttert.

Paul geht drei Mal täglich mit ihrem Hund raus. Als er den Hund angeschafft hat, hat sie hoch und heilig versprochen ... Ach, lassen wir das, Sie kennen das ja.

Quirin hat eine Frau, die sieht gern Seifenopern. Er liebt Krimis, die seine Frau hasst. Also machen sie einen Kompromiss und sehen Seifenopern.

Richard darf zwar sonntags zum Fußballplatz, muss aber um 6.00 Uhr zu Hause sein, weil sonst das Essen kalt wird.

Stefan darf sonntags seine Harley nicht verleihen und muss tierisch aufpassen, dass er sich

Rauchst du etwa schon wieder?

seinen Desporado-Anzug nicht schmutzig macht. Außerdem muss er in der Woche sein Auto in der Garage lassen, weil ihm seine Frau die praktische Umwelt-Wochenkarte geschenkt hat.

Theo trinkt nur alkoholfreies Bier. Nicht gern, aber immer öfter …

Ulf hat seit 1967 keinen Sex mehr. Seine Frau auch nicht, aber die stört es nicht.

Viktor darf keinen Frauen nachschauen. Nur der eigenen, wenn sie ihn wieder einmal einfach stehen lässt.

Werner raucht heimlich auf dem Klo.

Xaver wurde der Schnupftabak verboten.

Yogi darf seinen Spitznamen nicht mehr gebrauchen.

Zacharias darf keinen Jazz mehr hören („Negermusik“). Seine Gattin schätzt die „Wildecker Herzbuam“, die an seinem letzten Magengeschwür nicht unschuldig sind …

Herzilein, du darfst nicht traurig sein
Ade, schnöde Welt!

Es gibt auch Vorteile in einer Beziehung, meinen Sie? Gebügelte Hemden, regelmäßige Mahlzeiten, angenehme Gesellschaft? Bügeln kann ich selbst. Regelmäßige Mahlzeiten hat das Restaurant an der Ecke, und das hat einen Stern. Welche Frau schafft das schon? Angenehme Gesellschaft? Ich bin gern allein. Da weiß man(n), was man hat.

Sicher, es gibt auch Momente des Glücks, des stillen Einvernehmens, des langjährigen Vertrauens in einer Beziehung. Nur frage ich mich verzweifelt: Wo? Wo denn nur?

Besser Nerven schonende Langeweile allein als Ehe- oder Beziehungshorror.

Anders gesagt: Ich darf alles. Furzen, Zwiebeln essen, rauchen, trinken, fluchen. Keine Angst, ich rauche, trinke und furze nicht mehr als der Durchschnitt, aber es geht ums Prinzip. Verdammt noch mal. Noch Fragen?

Schach!
Quatsch, das war Abseits.

Fit wie'n Turnschuh

Herrlich, wenn sich zwei Freunde nach langen Jahren mal wieder treffen! So geschehen kürzlich in der Kleinstadt Zwergstedten, auf deren Bahnsteig sich die Klassenkameraden Fritz Borstig und Walter Poppelmann in den Armen lagen.

„Mensch, Walter! Wie lang ist das her? Volle acht Jahre seit dem letzten Klassentreffen! Gut siehst du aus!“ freute sich Fritz. „Fit wie'n Turnschuh!“ In der Tat, dem guten Walter sah man seine 60 Jahre kaum an. Auch Fritz wirkte eher wie ein Fünfzigjähriger. „Danke!“ entgegnete Walter. Es war ganz wie früher: Fritz sprach die langen Sätze und Walter die kurzen. Das war immer so gewesen und würde auch wohl immer so bleiben. „Wie hältst du dich fit, mein Lieber? Treibst du Sport?“ fragte Fritz interessiert nach. Sein Trainingsanzug ließ vermuten, dass er selbst zur absolut sportlichen Sorte Mensch gehörte.

„Doch, doch …“, antwortete Walter knapp, und gerade knapp genug, denn schon fuhr Fritz fort …

„Ich für meinen Teil, ich jogge! Das brennt so richtig durch, Alter! So sechs bis zehn Kilometer am Tag, genau die richtige Strecke für mein Alter! Der Blutdruck ist noch tiptop – 80 zu 130!“

„Meiner auch …“

„Macht ja echt Spaß, dieser Freizeitsport, besonders im richtigen Outfit. Frotteestirnband von Boss, der atmungsaktive Jogging-Suit von Adidas, luftunterstützte Laufschuhe von Nike …“

„Luftunterstützt?“ Walters Hände machten pneumatische Gesten.

„Ja, genau! Ideal für die Bandscheiben und die Gelenke! Vorher einen Aufbaudrink mit Taurin-Energizer, hinterher einen isotonischen Downer mit vollem Mineralausgleich …“, schwelgte Fritz in Sachkenntnis.

„Isotonisch?“ Walter lauschte dem Klang des Wortes wie dem Gurgeln eines Gebirgsbaches.

„Natürlich. Simples Wasser laugt dich ja nur aus!“ erklärte Fritz kompetent. „Aber sag mal, ich rede die ganze Zeit von mir. Was brauchst du denn so alles, wenn du Sport treibst?“

Während er auf die Antwort wartete, trippelte Fritz auf der Stelle wie ein übernervöses Rennpferd.

„Du meinst Sportkleidung?“ Walter überlegte kurz. „Eigentlich keine …“

„Wie denn das? Was treibst du denn für eine Sportart?“ Fritz war verblüfft.

„Ich“, wollte Walter antworten, aber sein Freund fiel ihm ins Wort.

„Halt, stopp! Sag es nicht! Lass mich raten … Du schwimmst – nein, da brauchst du eine Badehose und einen Bademantel … Drachenfliegen, Freeclimben, Rad fahren … äh, äh …“ Ratlosigkeit stand ihm ins Gesicht geschrieben. „Was zum Teufel treibst du denn da? Gib mir einen Tipp!“

„Na ja, wenn man es genau nimmt, brauche ich zwar keine Sportkleidung, aber einen Stuhl und eine Tasse Kaffee …“

„Du willst mich auf den Arm nehmen!“ Fritz war nahe daran, echt sauer zu werden.

„… und 32 Figuren!“ fuhr Walter fort. „Ich spiele Schach!“

„Schach? Und das soll fithalten, du alte Couchkartoffel?“

„Wenn du so fünf, sechs Züge im Voraus planst …“, wehrte sich Walter.

„Bin ich bei der Bundesbahn?“ machte Fritz das Argument seines Freundes herunter. „Und ins Schwitzen kommst du auch nicht dabei!“

„Das glaubst du! Neulich, da hatte ich im Turnier einen zwölfjährigen Gegner, der hat mich dermaßen in den Schwitzkasten genommen, dass mir …"

Walter wurde jetzt so richtig warm und wollte zu schwärmen beginnen, aber Fritz bremste ihn in seiner Begeisterung. Er sah sich nach einem Taxi um, denn es begann zu regnen.

„Weißt du die Adresse von dem Hotel, wo wir uns treffen wollten? Ich werde in letzter Zeit etwas vergesslich …"

„Hotel Zittelmann, Bergerstr. 116, dritte Straße links hinter der Unterführung …" antwortete Walter wie aus der Pistole geschossen.

„Und weißt du noch, wer alles kommt?"

„Ach, so einige …"

„Der Typ mit den Blumenkohlohren … wie hieß er noch gleich?" Fritz konnte sich nicht erinnern.

„Heppelstedt!"

„Ja, genau! Und der dicke Sohn vom Fahrradhändler …"Fritz überlegte angestrengt.

„Kohlenhändler! Sapinski …!"

„Ach ja … Und da war dann noch diese Saufnase…" Fritz wollte und wollte der Name nicht einfallen.

„Kellermann!"

„Genau. Das war doch auch der Typ, der dem Rektor die Kartoffel in den Auspuff gesteckt hat!“ erinnerte sich Fritz.

„Nein, das war der Trautheimer!“ korrigierte Walter.

„Ach ja. Und der hatte doch diese scharfe blonde Schwester. Erika …“

„Helena! Sie hieß Helena und war brünett!“

Endlich. Ein Taxi fuhr heran, die Freunde stiegen ein. „Fahren Sie, äh …“, wollte Fritz den Fahrer anweisen. „… fahren Sie … Sag mal, Walter, wohin mussten wir noch gleich?“

„Hotel Zittelmann, Bergerstr. 116!“ wies Walter den Fahrer an.

„Verdammt, wie kannst du dir das alles nur merken?“ brauste Fritz auf. „Jeden Namen, jedes Ereignis, jede Adresse …“

„Alles eine Frage der Fitness!“ Walter lächelte. „Sag mal, spielen wir nachher im Hotel eine Partie Schach?“

CARABINERI
2 FAST 4 YOU

Der Traum auf vier Rädern

So ist das mit sechzig: Für manchen passen endlich Bankkonto und automobiler Traum zusammen. So erging es auch meinem Nachbarn, einem gewissen Herrn Reese. Reihenhausbesitzer, drei Kinder, mittlerer Angestellter mit Hoffnung auf Frühpensionierung. Graue Haare, grauer Anzug, graues Gesicht jeden Morgen im Morgengrauen. Keineswegs unsympathisch. Ein Bild des Durchschnitts und der Zufriedenheit, wenn ich ihn pünktlich um sieben in seinen Ford Orion steigen sah. Immer wieder. Immer dasselbe beigefarbene Auto, ein langweiliges, plumpes Gefährt. „Zuverlässig, geräumig und billig!“ sagte Reese immer, wenn man ihn nach seinen Auto fragte. „Und an der problemlosen Abzahlung meines Hauses ist die Karre nicht unbeteiligt. Aber warten Sie mal ab! Eines Tages …“

Und dann war es „eines Tages“ geworden. Ein Morgen wie jeder andere. Der verspätete Zeitungsbote verteilte die letzten Blättchen. Herr Groß entwässerte seinen Dackel und Frau Kissenkötter kam im Morgenmantel von Bäcker, die Brötchentüte in der Hand. Da geschah es.

Zunächst dumpfes Grollen in der Ferne, dann eine lauter werdende Stimme wie die eines Tieres: „ROAR! ROAR!“ Eine lang gestreckte, stahlblaue Rakete schlitterte um die Straßenecke, mit rauchenden, auf dem Asphalt trampelnden Hinterrädern, vermutlich schneller als der Schall und wieder mit diesem irrwitzigen Raubtiergebrüll.

„ROAAR!“

Zeitungen flogen in falsche Richtungen, Scheiben barsten, der Dackel ging unter die Mülltone stiften, und Frau Kissenkötters Brötchen kugelten dem Raubtier direkt vors Maul.

„QUIETSCH!“

Das Geschoss kam zum Stehen, genau vor meinem Fenster, und darin wirren Blickes Reese, mit aufgelöstem Krawattenknoten. Jetzt sah er mich im offenen Fensterrahmen lehnen, und es gelang ihm nach einigen Fehlversuchen (Wischwaschanlage, Warnblinker, Diebstahl sicherung), das Fenster herunterzulassen. Er winkte mir betont cool zu. „Na, ist das was?“ Das dumpfe Grummeln des Motors unterstrich seine Worte. „Dodge Viper! Zehn Zylinder, PS ohne Ende!“ Ich nickte anerkennend. „Verbraucht allerdings ’n bisschen was. 25 Liter im Stand, bis 60 bei Tempo 280! Aber das leiste ich mir jetzt mal!“

„Lebensversicherung ausbezahlt?“ fragte ich ein wenig indiskret. Er nickte. „Und jetzt will ich mal meinen Spass haben!“ Seine Hände umklammerten plötzlich krampfartig das Lenkrad, sein Blick richtete sich starr nach vorn. Dann trat er aufs Gas.

„ROAAR!“

Die Beschleunigung riss ihm fast den Kopf von den Schultern, Stücke des Straßenbelags wurden später in Ostpreußen gefunden. Trotz angestrengter Lenkversuche rammte Herr Reese den Müllcontainer vor dem Fischladen, dessen Katze nur durch einen irrwitzigen, fast senkrechten Sprung über die Hecke den malmenden Gummiwalzen entkommen konnte.

Dann sahen wir drei Tage nichts von Reese.

Am vierten Tag war er wieder da. Pünktlich um sieben trat er aus dem Haus, mit Aktenkoffer und Hut. Am Bordstein hielt er kurz inne, sah die Straße hinauf und dann hinab, als suchte er etwas, tippte sich dann in einer Geste des Begreifens an die Stirn und ging die Straße hinab – zu Fuß in Richtung Straßenbahnhaltestelle. Mich ritt der Teufel und ich rief ihm nach: „Hey, Reese! Wo ist denn die Viper?"

Wie vom Blitz getroffen blieb er einen Augenblick stehen, dann drehte er sich um und trat mit ein paar Schritten vor mein Fenster.

„Das Dumme an Träumen ist", er schien den Tränen nahe, „dass man sie verliert, wenn man sie sich erfüllt."

„Na, na, nicht so pessimistisch!" versuchte ich ihn aufzubauen. „Macht doch sicher Spaß, so einen Wagen zu fahren!"

„Doch, doch ..." entgegnete er versonnen. „Aber es ist ganz anders, als ich es mir vorgestellt habe. Irgendwie besser – brutale Kraft, irre Beschleunigung!" Seine Augen glühten kurz animalisch auf. Dann kehrte der traurige Dackelblick zurück. „Aber längst nicht so schön ...!

Er sammelte sich und meinte dann gefasster: „Ich hätte das anders machen sollen. Den Wagen beim Händler ansehen sollen, ihn anfassen, mich mal reinsetzen. Aber ich Trottel muss ihn ja kaufen!“

„Und? Wo ist der Wagen jetzt?“ Ich bat Reese herein. Wir setzten uns auf ein Bier.

„In Sizilien“, meinte er trocken. „In Polen. Oder vielleicht in Kasachstan.“

„Was?“ Ich dürfte nicht sehr intelligent ausgesehen haben in diesem Moment.

„Ja, was meinst du, wo ich die letzten drei Tage war?“ Er sah unruhig im Zimmer umher. „Sag mal, hast du nicht ’n Schnaps?“

„Nur, wenn du mir genau erklärst, was los war!“ Er kippte den Klaren und begann zu erzählen.

„Ich bin einfach los, Richtung Süden. So Stop and Go, immer zwischen Tempo 40 und 260. Hinter Frankfurt hatte ich die erste Nervenkrise. Bin ausgestiegen auf dem Rastplatz und hab’ gewartet, bis das Zittern vorbei war.“ Er kippte noch einen Kurzen.

„Adrenalin!“ nickte ich verständnisvoll. „Hat man nicht jeden Tag in der Menge!“

„Genau! Als die Knie nicht mehr schlotterten, bin ich weiter.“ Reese wirkte jetzt bereits ruhiger, schien froh, über das Erlebte sprechen zu können. „Dann in den Alpen – natürlich bin ich Nebenstraßen gefahren. Kurven ohne Ende. Drei Mal hab' ich dem Tod ins Auge geschaut!"

„Abgründe? Steinschlag? Lawinen?"

„Nee, nee", antwortete er kleinlaut. „Jedes Mal, wenn ich 'nem jungen Mädchen im Cabrio zuwinken wollte, bin ich fast dem Vordermann hintendrauf gebrettert!" Er bremste im Nachhinein, indem er den linken Fuß in meinen flauschigen Flokati stemmte.

„Dann mit Tempo 220 durch die Poebene. Hinter Ferrara musste ich eine Polizeistreife abhängen – kein Problem, aber dann kam bald die Nacht …"

„Die Nacht?" fragte ich interessiert nach.

„Schon als ich vor dem Hotel vorfuhr, haben diese Typen so geguckt!" Er versuchte sich in der Mimik italienischer Machos – mit wenig Erfolg. „Keine Minute hab' ich geschlafen! Die ganze Zeit am Fenster gehangen und aufgepasst, dass mir keiner die Viper klaut!"

„Da hättest du doch besser …"

„Im Wagen geschlafen? Genau das hab' ich gegen fünf gemacht …"

„Na, immerhin! Und? Hat es noch einer versucht?"

„Nö. Aber um sieben kam 'ne Horde Schulkinder. Ich hab' nur zwei Worte im Langenscheidt gefunden: ‚nonno' und ‚razzo'!"

Wo ist mein Sportwagen?
Aber beruhigen Sie sich doch. Die Felgen sind doch noch da!
POLIZEI

„Und das heißt?“

„‚Opa‘ und ‚Rakete‘“.

„Guck mal, der Opa in der Rakete!“ übersetzte ich für ihn. Ich goss ihm ein weiteres Mal nach, das brauchte der Mann jetzt. „Verdammt, kann das Leben eisenhart sein! Und – was hast du gemacht?“

„Was sollte ich machen – so desillusioniert, wie ich war. Ich bin zurückgefahren …“

„Was solltest du auch tun? Konnte ja nur noch besser werden!“

„Von wegen. Hinter Nürnberg bin ich dann in die Radarfalle.“

„Hat es geblitzt?“ fragte ich mitleidend.

„Nein, gescheppert!“ Er senkte schuldbewusst den Blick. „Aber am Wagen war fast nichts. Nur die Stoßstange angekratzt. Ich mußte ihn stehenlassen.“

„Die Fleppe weg?“ Mein automobiles Mitgefühl schwoll noch mächtiger an.

„Genau! Drei Monate! Und sieben Punkte. Prost!“

„Und? Was kostet die Reparatur?“

„Erübrigt sich …“, meinte er dunkel.

„Wie bitte? Ich verstehe nicht …“

„Als ich wiederkam, war der Wagen weg.“

„Oh, Mann, Reese!“ Ich legte ihm beruhigend die Hand auf die Schulter. „Dein Traumwagen!“

„Das war doch noch das Beste an der Sache!“ freute sich seltsamerweise Reese. „Die Karre war doch diebstahlversichert! Das Geld hab’ ich so gut wie raus. Ich hab’ dann erst mal einen Tag totale Ruhe gebraucht. Pension im Steigerwald. Bäume, Füchse, Hasen, Ringelnattern …“

„Keine Vipern?“

„Keine Vipern.“ Er trank das Bier aus und ging. Nicht mehr ganz gerade, aber aufrecht. Ein echter Mann, der sein Schicksal trägt. Angeschlagen, aber ungebrochen.

Wie eine derart traurige Geschichte ausgeht? In zwei Monaten hat Reese den Führerschein wieder. Und dann kommt auch der neue Golf. Schickes Auto. Elegant, aufregend und sparsam. Zuverlässig, geräumig und mit hohem Wiederverkaufswert. Bei der Jungfernfahrt bin ich dabei. Als automobiler Berater sozusagen. Und: Diesmal geht es nach Dänemark.

1880
Moutou
1910
Bourgo
Playboy
Sammel
band
1950-95
TRÜFFEL
PRALINEN
Havanna
-1a-

Erbschleichen gehört dazu

Bisher war Opa nicht sehr beliebt. ’n Gruftie eben, mit dem man sich nicht sehen lassen kann in der Öffentlichkeit. Meinte zumindest Sofia, 18, und immer voll im Trend. Modisch, ideologisch und lifestyle-mäßig. „Opas sind out, Opa!“ meinte sie mit ihrem treuherzigen Grinsen. „Kommen allenfalls noch als aussterbende Art zu Ehren. Kannst dich ja mal bewerben, bei Greenpeace!“

Helmut war immer zu sehr im Stress, um was mit Opa zu machen. Immer irgendwie zwischen einer Messe und einer Dienstreise. Und die paar Stunden, die er für sich hatte, wollte er doch nicht mit einem alten Mann Schach spielen! Lieber mit Freunde in der In-Kneipe sitzen. Oder ein bisschen zocken, im Casino. Da trifft man ja auch so manche bedeutende Persönlichkeit. Wichtig für die berufliche Karriere. Sehen und gesehen werden. Aber doch nicht mit Opa …

Inge hatte auch immer andere Sorgen. Seit neulich zum Beispiel das neue Sofa gekommen war, kriegte sie die Krise. Die Einrichtungskrise. Die Gardinen passten nämlich nicht zum Bezug, und als dann die neuen kamen, war der Teppich plötzlich viel zu dunkel. Drei Wochen hat sie nach dem richtigen Erdbeer-Ton gesucht, und dann musste der Wintergarten neu gestrichen werden, weil sich das Orange der Wände mit dem Ton des neuen Teppichs stach. Und Opa passte schon gar nicht ins Bild. Mit seinen Filzlatschen und den Cordhosen kam er in Inges Alpträumen vor: Gerade hatte sich das Team von „Schöner Wohnen" angekündigt, um ihre Wohnung zur Wohnung des Monats zu machen, und soeben hatte der Fotograf die Großbildkamera aufgebaut, um ihr Interieur in unvergleichlichen Aufnahmen zu verewigen – da schlurft Opa ins Bild – die Zeitung unterm Arm, die Cordhose auf Halbmast – trotz Hosenträgern. Horror!

Doch neuerdings finden alle Opa supernett. Lächeln wie Breitmaulfrösche, wenn sie ihn sehen. Tragen ihm die Pantoffeln nach. Küsschen hier, Küsschen da und die aberwitzigsten Geschenke. Doppelherz und Tartarenlikör und Videos mit Hans Albers und Lottie Krekel. Obwohl Opa eigentlich auf die Stones steht und viel lieber den Madonna-Bildband hätte als die Biographie von Inge Meysel.

Woher die plötzliche Zuneigung kommt? Opa hat was vergessen. Seine Kontoauszüge nämlich auf der Ablage neben dem Telefon. Nicht, dass Helmut noch keine Kontoauszüge gesehen hätte. Nur – seine eigenen findet er lang nicht so erbaulich wie Opas. Schwarze Zahlen wirken irgendwie freundlicher als rote, besonders dann, wenn sie sechsstellig sind. Und die erste Zahl keine Eins ist und auch keine Zwei und auch keine Drei und so weiter.

Helmut hat Inge von dem Erlebnis mit den schwarzen Zahlen berichtet – unter dem Siegel der Verschwiegenheit natürlich. Zusammen sind sie zum Ort der plötzlichen Erkenntnis geschlichen und haben die Auszüge betrachtet wie Reliquien. Inges Augen leuchteten, wie sonst nur, wenn der Tennislehrer … Lassen wir das lieber, das gehört nicht hierher.

Inge hat Sofia eingeweiht – nur in Andeutungen, versteht sich. Und jetzt kriegen alle dieses wohlige Erben-Gefühl, wenn sie Opa sehen. Nein, nicht dass sie ihn unter die Erde wünschten – bewahre!

Aber irgendwann in nicht allzu ferner Zukunft wird Opa sicherlich von ihnen gehen wollen, ganz von sich aus und nachdem er seinen Ruhestand voll ausgekostet hat. Das ist der natürliche Gang der Dinge. Und dann stehen alle natürlich zur Verfügung – zunächst als Trauergemeinde und dann als Erben. Und deshalb gefällt Opa jetzt allen deutlich besser. Richtig knuddelig findet ihn Sofia plötzlich. Und Inge hält ihn plötzlich für einen stattlichen alten Herrn.

Seit Opa die neue Freundlichkeit bemerkt hat, rätselt er nun, worin der Sympathieschub seine Ursache haben könnte. Trendwende im Zeitgeist? Sind Oldies plötzlich gefragt? Irgendetwas an seiner Ausstrahlung? Er hat doch neulich dieses Buch über Körpersprache gelesen. Sollte das so schnell gewirkt haben – und so stark?

Dann kommt er drauf, und Inge war es, die ihm alles verrät. „Opa, du hast etwas vergessen!“ flötet sie, wedelt mit den Kontoauszügen und hat diesen Augenaufschlag, den sie sonst nur bei Helmut benutzt, wenn der herausfindet, dass sie wieder mit dem Tennislehrer essen war, oder wenn sie wieder ein unwiderstehliches Designerstück aus dem Möbelhaus „Form & Fiction“ bestellt hat. „Ich hab' nicht geguckt!" trällert sie scheinheilig und reichte ihm die Blätter mit spitzen, rot lackierten Fingern. Da weiß Opa Bescheid. Als Sofia sich dann anbietet, Opas Wagen zu waschen und Helmut ihn am Abend zu einer Sauftour in den „Jägerhof" einlädt, eine Kneipe, die er sonst „Spießerschuppen" tituliert und meidet wie der Teufel das Weihwasser, kommt Opa die Galle hoch.

Schluss mit lustig. Jetzt macht Opa sich seine eigenen Strategien zur Erbschaftsregelung. Von Verprassen bis Spenden wird alles durchdacht und ausprobiert.

Zuerst das Verprassen. Versaufen? Da macht die Leber nicht mit. Definitiv nicht. Schon der erste Versuch überzeugt. Dieser Brummschädel – das ist kein Vergnügen. Und erst 600 Mark weg – trotz Rotkäppchen-Sekt mit drei Bardamen in der Wunderbar.

Leichte Mädchen? Da steht Opa mehr auf seine Generation, und die sind schon alle außer Dienst. Außerdem denkt er altmodisch. Sex ohne Liebe? Nur im Notfall. Ist das jetzt ein Notfall? Er ruft im stadtbekannten Etablissement an, fragt nach einem Termin für den kommenden Tag.

„Moment, Süßer, da muss ich erst dem Manni fragen, wem noch frei is!“

Bei falscher Grammatik wird Opa immer schlagartig impotent. Er legt auf.

Neue Klamotten, heiße Autos? Opa schleicht kaufbereit durch die Stadt, das Scheckheft schussbereit im Achselholster. Irre Geschäfte, edel aufgemacht. Trading-up nennt man das ja. Opa sucht in bester Absicht nach einem neuen Image. Leider wird ihm jedesmal schlecht, wenn er die Preisschilder an den Klamotten sieht. Armani? Lagerfeld? Boss? Sakkos für'n Tausender? Anzüge für drei Mille? Ich bin ja nicht gaga, denkt Opa. Abgehakt. Dann lieber ein angemessenes Fahrzeug.

Also geht Opa ins Autohaus mit dem guten Stern. Schicke Wagen, aber ziemlich unhandlich gegen meinen Vento, denkt Opa. Und als alter Sozi kann er sich einfach nicht vorstellen, im Nadelstreifen in der S-Klasse zu sitzen. Überhaupt macht ihm der Stern zu schaffen.

Das Verprassen hat Opa schließlich als viel zu stressig abgehakt.

Hiermit vermache ich mein
ganses Vermögen meinem
Hund Waldi ......
VILLA WALDI

Spenden? Der Tierschutzverein lag ihm nie so recht am Herzen, und bei den armen Negerkindern in Afrika kommt das Geld ohnehin nicht an. Die Armen hier bei uns unterstützen? Das hat Opa immer gemacht – die ganze Verwandtschaft wäre ohne ihn längst pleite.

An den oder die Richtige(n) vererben? Auch schon durchdacht, aber das wechselt ja dermaßen schnell!

Opa hatte ja einen Blick auf diese Marlies Dankwart geworfen, und sie hatte ihm die schönsten Hoffnungen gemacht neulich nach dem Konzert in der Philharmonie. Blicke waren das, Blicke! Aber dann ist sie nach dem Kegelabend mit Benno Zülch abgezogen, und da hat Opa sein Testament eben wieder geändert.

Auf Freunde kann man sich verlassen, hat Opa gedacht und Friedhelm Günnes als heimlichen Erben benannt. Keine Woche vergeht, da fängt der Günnes in der Kneipe Streit an, beim Skat. Opa hätte drei Karten gedrückt und würde überhaupt nur deshalb immer gewinnen, weil „Falschspiel" sein zweiter Name sei … Das war zuviel! Fertig, aus, enterbt!

Jetzt hat Opa die Erblasserkrise. Einerseits: Wenn er es recht überlegt, woher sein Geld stammt … Nein, nicht alles natürlich, das meiste hat er mit eigenen Händen erwirtschaftet. Aber wo stünde er heute, wenn nicht damals sein Vater … Und eigentlich ist die scheinheilige Bande, mit der er jeden Morgen seine Brötchen verzehrt, doch ganz nett. Familie ist Familie, ein bisschen Erbschleichen gehört dazu, hab' dich nicht so, Opa!

„Das ist die dritte Testamentsänderung in zwei Monaten!" klagt der Notar. „So gern ich Gebühren kassiere: Bleibt es denn jetzt so?"

„Och", meint Opa, „das hängt ganz von den Erben ab!"

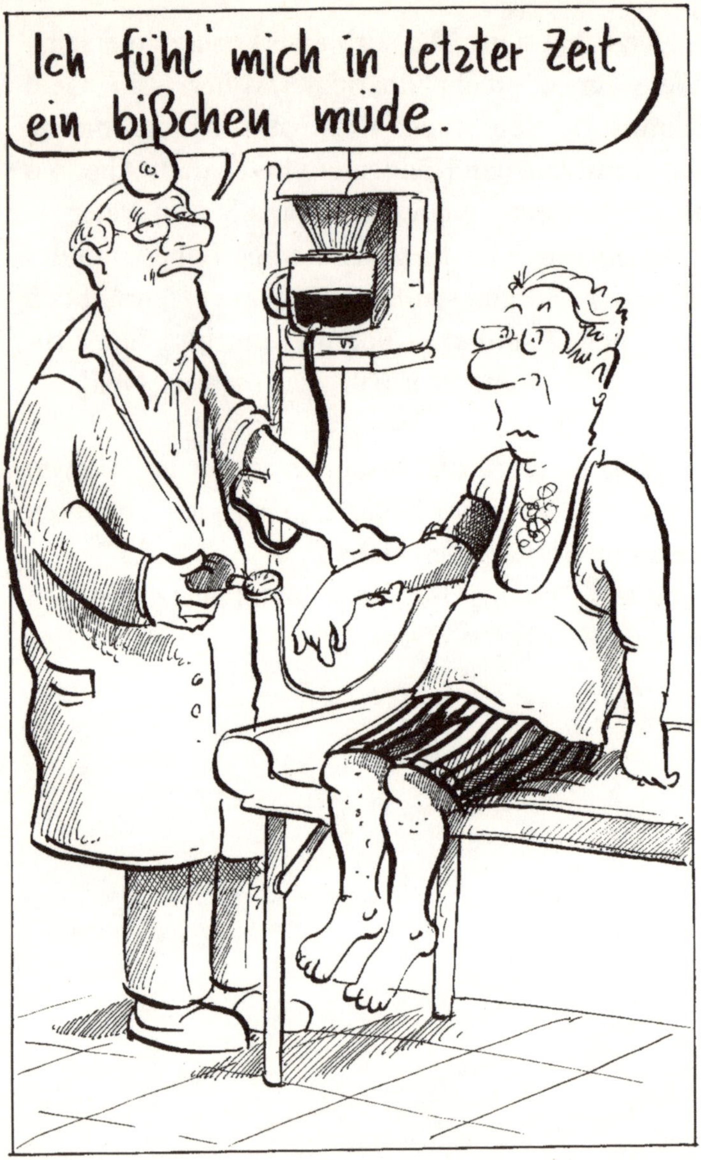
Ich fühl mich in letzter Zeit ein bißchen müde.

Sie sehen schlecht aus, Herr Doktor …

Topfit bin ich nicht gerade, aber es geht so. Dennoch musste ich neulich zum Arzt, so eine lästige Erkältung auf dem Wege zur chronischen Bronchitis. Alles Routine: Im Wartezimmer herumsitzen, dabei weiteren Kontakt mit netten Erregern aller Handelsklassen vermeiden, dann ins Sprechzimmer, den Arzt begrüßen, die übliche Litanei an Beschwerden, ärztliche Ratschläge zu Blutdruck und Übergewicht, Abhören mit diesem fiesen kalten Stethoskop – und da ist es passiert. Filmriss … Nein, keine Angst, weder ein Schlaganfall noch die ersten Symptome von Alzheimer. Von einem Augenblick auf dem anderen stand ich neben mir und meinem Arzt und blickte ihn an, als sei er extraterrestrisch. So entfernt, mit so fremden Augen, so überirdisch scharf und transparent – und ich dachte: Mein Gott, sieht der alt aus!

Nun ist Dr. Dressler schon seit über 20 Jahren mein Hausarzt, ein Mann meiner Generation, und wir haben so etwas wie ein Vertrauensverhältnis zueinander. Wir duzen uns, Walter und ich, hin und wieder haben wir auch Schach miteinander gespielt im Café Steinbach und das ein oder andere private Wort gewechselt – aber warum war mir nie aufgefallen, daß er derartige Ränder unter den Augen hatte? Richtig übernächtigt erschien er mir in diesem Augenblick. Und da an seinen Fingern – Nikotin? Die gebückte Haltung, der trübe Blick – der Mann tat mir richtig leid. Warum geht es denn einem Patienten mit 60 besser als seinem Mediziner? Die Last der Jahre allein konnte das nicht sein. Das viele Leid, das er sah? Gleichgültig, dachte ich mir, und in diesem Augenblick hatte ich nur den einen Wunsch: Dem Manne muss geholfen werden!

„Sag mal, dir geht es aber auch nicht gerade glänzend, Walter?“ Diese Worte trafen ihn wie ein Blitzschlag. „Sieht man das?“ Mit weit offenen Augen sah er mich an, fummelte mit erregten Fingern an der Brustasche seines Arztkittels nach einer Zigarette und zündete sie an. Mitten in der Sprechstunde. Der Damm war gebrochen, die Haltung dahin. „So sehr nicht, aber beim zweiten Blick. Ist etwas nicht in Ordnung?“

„Etwas? Nicht in Ordnung?“ brach es aus ihm hervor. „Den ganzen Tag über Triefnasen, Zipperlein, Simulanten und Hypochonder, und die wenigen netten Menschen, die dabei sind – ausgerechnet die haben Krebs! So eine Schei…! Und abends wartet auf mich der Fernseher. Nette Gesellschaft!“

Seine Frau hatte eines Nachts die Koffer gepackt. Zwischen einem durchgebrochenen Blinddarm und einer Herzattacke hatte er versucht, seine Ehe zu retten. „Deine Gesichtsfarbe gibt auch nicht zu den schönsten Hoffnungen Anlass“; sagte ich und ergriff professionell sein Blutdruckmessgerät. „180 zu 100!“ Auch mein Kopfschütteln geriet ausgesprochen gekonnt. „Als Dollarkurs nicht schlecht, aber als Blutdruckwert?“ – „Ich weiß, ich weiß“, jammerte Walter. „Aber was soll ich machen? Mein Zigarettchen zwischendurch ist meine einzige Entspannung!“ Jetzt schob er mit zittriger Hand den Aktenschrank auf und holte eine Flasche Chivas Regal hervor. Gekonnt entwand ich sie seinen Händen. „Oh, vielen Dank!“ Ich goss mir einen ein, kippte ihn genießerisch und erklärte dann mit mir völlig fremder Stimme. „Für dich besser Mineralwasser!“ Dann nahm ich seinen Rezeptblock, verordnete ihm mein zugegeben hervorragendes Bluthochdruck-

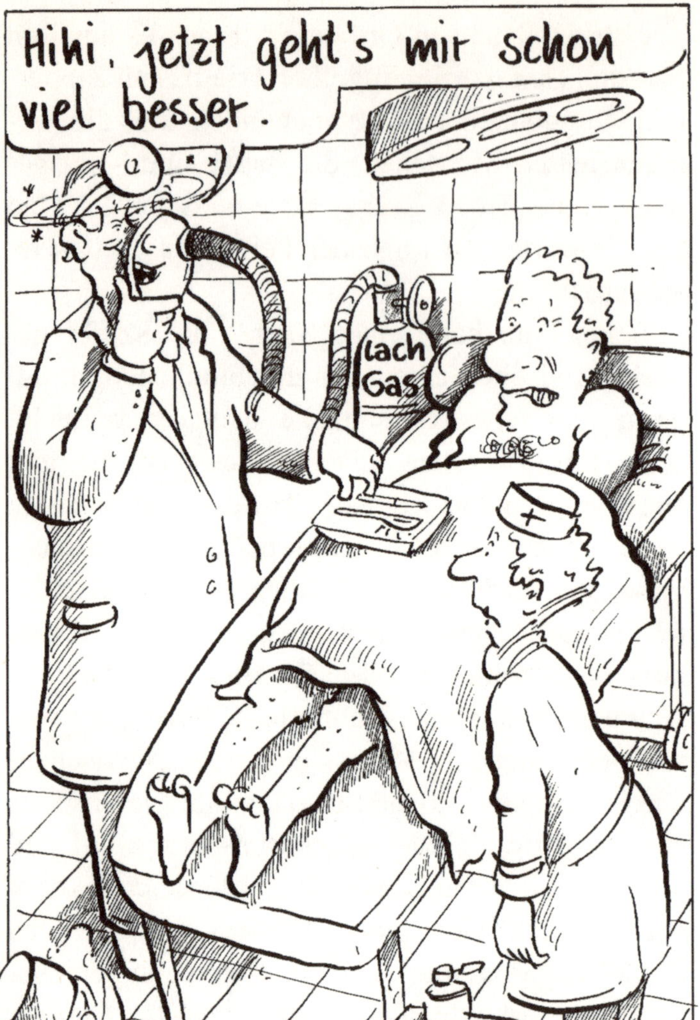
Hihi, jetzt geht's mir schon viel besser.
Lach Gas

mittel und hielt ihm den Block hin. „Unterschreib das!“ – „Wer ist denn hier nun der Arzt?“ – „Na, du, Walter!“ meinte ich besänftigend. „Aber irgendeiner von uns beiden scheint das vergessen zu haben …“

Seither kümmere ich mich um das gesundheitliche Wohl meines Arztes. Morgens um sechs hole ich ihn zum Schwimmen ab. Bringe ihn nachher zur Praxis. Abends dreimal in der Woche Kraftstudio mit anschließendem vegetarischem Abendessen. Neulich kam Annette, die nette Lehrerin, mit und Walter hat mich den ganzen Abend völlig ignoriert. Beruhigend.

Wir sind verdammt gesund seither – beide. „Deine Blutdruckwerte machen mir echt Sorgen!“ sagte Walter neulich beim Routine-Check. „Entweder bist du erst 35 – oder mein Messgerät hat es hinter sich.“

Wir gucken nochmal im Internet nach den neusten Fußballergebnissen.
http://www-hot girls
FC
FC
FC

Ungeahnte Möglichkeiten

„Das hätte ich nicht von dir gedacht – du in deinem Alter!“ Georg Gantenstetter wirkte richtig empört.

„Und lohnt sich das denn überhaupt noch – für die paar Jahre?“ Oswald Hoppe strahlte nicht eben Optimismus aus, was meine Lebenserwartung betraf.

„Ich bin 60, Mann! Nicht 102!“ beschwerte ich mich.

„Und kannst du nachher überhaupt schlafen?“ fragte Friedrich Ortleb besorgt. „Mich würde das Ding dermaßen aufregen …“ Schon der Gedanke daran brachte ihn dazu, das Glas Steinhäger vor sich auf dem Tisch in einem gekonnten einarmigen Reißen zu vernichten. Der gesamte Stammtisch war außer sich, denn ich, Herbert Grollmann, hatte irgendwie die Konventionen verletzt. Statt mich zu rechtfertigen ging ich in die Offensive.

„Was würdest du denn machen, wenn du an meiner Stelle wärst, Georg? Meine Frau braucht ihn auch – beruflich!"

Kein Argument für Georg Gantenstetter. „Ich bin mein ganzes Leben ohne so ein Ding ausgekommen; weder Konrad Adenauer noch Albert Schweitzer hatten einen – noch nicht einmal Albert Einstein!"

„Ist das ein Argument?" hörte ich mich sagen. „Gerade jetzt, in den besseren Jahren, wo die eigenen geistigen Kräfte nachzulassen beginnen …"

„Wenn es nur die wären …" Nein, wirklich, Oswald Hoppe schien in der Krise zu sein.

„Bis du mit dem Ding umgehen kannst …"

„… bin ich unter der Erde, wolltest du sagen?" Ich fühlte, wie langsam Empörung in mir aufstieg. „Schöne Freunde habe ich! Ewig gestrige, alte Knacker!" Nein, so hatte ich mir das nicht vorgestellt! Freudig erregt hatte ich dem Stammtisch die Nachricht überbracht: „Übrigens. Leute, ich hab' mir letzte Woche einen Computer gekauft!"

Und jetzt das hier. Vier Männer schweigend am Stammtisch, irritiert, aufgebracht, verärgert.

„Noch 'ne Lage, Jupp!" brach Oswald Hoppe das Schweigen und winkte dem Wirt.

Wieder eine satte Minute Stille. Dann die etwas belegte Stimme von Herbert Grollmann:

„Was isses denn für einer?"

Ich verspürte keine Lust zu ausführlicher Auskunft und brummte: „Irgend so ein Pentium Zwei oder Drei aus dem fernen Osten!"

„Doch? Immerhin …" Friedlich Ortlebs graue Zellen begannen zu arbeiten. „Und? 64 MB Hauptspeicher? Vier Gebe Platte? Modem?"

„Textverarbeitung? Rechenblatt? Telefon-CD?" fragte Friedrich Ortleb nach. Woher hatten sie nur die Sachkenntnis? „Und wie teuer war er denn?"

„Knapp zwei Riesen. Und alles da, sogar 'ne Willi-Card oder wie das Ding heißt …, na jedenfalls 'ne ISDN-Karte. Was interessiert es dich überhaupt?" frotzelte ich zurück.

„15-Zoll-Monitor?"

„17!"

Schweigen. Bier und Korn rann Männerkehlen hinunter. Viel Bier und Korn …

„Noch 'ne Lage, Jupp!"

„Und Spiele?" Georg Gantenstetter sah plötzlich 50 Jahre jünger aus. „Was hast du für Spiele?"

„Ballermann 3, Ratten-Race, Larry's Lustschloss, Killer-Cars, Voodoo-Queen…", hörte ich mich aufzählen. „Und dann dieser Wahnsinns-Flipper – und Draculas Labyrinth!"

„Boh!“ Friedrich Ortlebs Interesse war erwacht. „Was kann er denn sonst noch so?“

„Alles!“ gab ich an. „Aber dir würde er ja nur den Schlaf rauben!“

„Apropos Schlaf: Neulich abends da war ich in der Firma im Internet, mit ’nem Kollegen.“ Georg Gantenstetter wirkte plötzlich richtig aufgedreht. „Da gibt es Seiten, sage ich euch, Seiten ...“ Seine Hände formten füllige Halbkugeln.

„Das kann ich mir vorstellen!“ meinte ich. „Du warst ja immer schon für das pralle Leben!“

„Vergiss es, Georg!“ Oswald Hoppe hatte heute etwas Sinnenfeindliches. „Dein Blutdruck!“

„Noch ’ne Lage, Jupp!“ Wieder etliche Minuten Schweigen, während meine Herren Freunde, innerlich umspült von wohlschmeckenden Alkoholika, über die Möglichkeiten nachzudenken schienen. Das dauert – in diesem Alter. Dann stand die Frage wie ein Fels im Meer der Möglichkeiten:

„Bist du denn schon online?“

„Seit gestern Abend.“ Ich spürte, wie echter Stolz in mir aufstieg. „Die letzten Tennisergebnisse aus Sidney hatte ich um vier Uhr!“ Online – und das in meinem Alter!

„Sagenhaft!“ hörte ich Friedrich Ortleb murmeln. „Diese neuen Technologien! Hab’ ich ja immer gesagt!“

„Genau!“ tutete Georg Gantenstetter ins selbe Horn. „Sag mal, können wir nicht mal eben …“

Es war nicht eben der direkteste Weg zu meiner Behausung, den wir zurücklegten, denn die kürzeste Verbindung zwischen zwei Punkten soll ja die Gerade sein. Dennoch erreichten wir beflügelten Schrittes und in Erwartung ungeahnter Sensationen mein Heim und besprachen vor der Tür Strategie und Taktik des nächtlichen Eindringens.

„Leise im Treppenhaus!“ mahnte ich. „Und du Friedrich, rülps gefälligst nicht wieder so unmenschlich laut!“

„Wieso leise?“ fragte Georg Gantenstetter aufsässig nach, wie nur leicht angedröhnte Männer aufsässig nachfragen können. „Da oben brennt doch noch Licht?“

„Tatsächlich!“ bestätigte Oswald Hoppe. „Ist das nicht dein Arbeitszimmer?“

„Um ein Uhr nachts? Versteh’ ich nicht …“ murmelte ich. „Aber wir werden ja sehen …“

„Wie geht das mit den Internet-Adressen?“ Oswald Hoppe war ziemlich knülle. Jetzt begann er auch noch zu singen: „httpp - www oh, weh, oh weh …!

„Sei nicht albern, Ossi!“ zischelte ich ihm ungehalten ins Ohr. „Leise…!

Nachts wollen Schlüssel immer ungern in Schlösser passen, aber schließlich hatten wir es geschafft. So leise, wie es vier angesäuselte Männer nur können, schlichen wir zum Arbeitszimmer, aus dem ein matter Lichtschein drang – und munteres Kichern. Hausgeister mit Interesse an EDV? Einbrecher? Mutig stieß ich die Tür auf – vor uns ein Bild des Grauens:

Meine Frau und die Damen von der Frauengruppe – und auf dem Bildschirm das Bild eines jungen Adonis – braun, Waschbrettbauch, nackt und …

„Mein lieber Schwan!" entfuhr es Georg Gantenstetter, dessen Blick auf den unteren Rand des Bildschirmes fiel. „Was macht ihr denn hier?"

Zufällig sind die Damen vom „Kaffeekränzchen" auch die Ehefrauen meiner Freunde.

„Sonst kommt ihr doch nie vor drei aus der Kneipe!" entgegnete meine Gattin. „Und da haben wir eben …"

„… für ein wenig Ersatz gesorgt? Frauen in eurem Alter …"

Nett, wie den Ladys auf meine Anmerkung hin eine erregte Röte in die Gesichter trat. Wir Männer hatten die Oberhand – doch nicht lange …

„Und?“ konterte nun Eva Hoppe, Oswalds Gattin. „Was wolltet ihr denn eigentlich hier am Computer – mitten in der Nacht?“

„Äh, die Tennisergebnisse … aus Sidney“, stotterte Georg Gantenstetter. Verflixte Körpersprache! Die Bälle, die seine Hände hielten, waren einfach zu groß für Tennis.

Schweigen auf beiden Seiten. Über dem Adonis auf dem Bildschirm zuckte ein animierter Schriftzug: Women's Paradise …

Es war wieder einmal meine liebe Gattin, die die Situation rettete. Entschlossen schaltete sie den Rechner ab und meinte dann mit Blick auf mich: „Ich habe Appetit bekommen … Wollen wir nicht vorher … noch eine Kleinigkeit essen?“ Und seltsam – unser Kühlschrank enthielt genau die Köstlichkeiten, die vier Männer und vier Frauen mitten in der Nacht schmecken und aufmuntern …

Morgen ist übrigens wieder Stammtisch, und es wird vermutlich nur ein Thema geben: Computer. Denn Oswald, Georg und Friedrich sind ja moderne, aufgeschlossene Menschen und haben genau das getan, was sie bisher nur immer irgendwie verschoben haben, aber eigentlich schon immer tun wollten: einen Computer gekauft …

Meine Bierdeckelsammlung
Hunnen Alt 1976
Blaulaner Weizenbier 1982
Husten Pilsener 1961
Schwelltius 1954
1954
Krawallbacher 1974
Würgsteiner 1966
Prinz Lustbold Weizenbier 1967
Einbrecher Urbock
Mecca Pils
Knüppels Kölsch
Boxbier
Das alles wird später mal Dir gehören!

Irgendwas muss doch bleiben

Mit 20 brauchen Männer Frauen. Mit 30 eine Aufgabe. Mit 40 den Erfolg. Mit 50 Ruhm und Ansehen. Und mit 60? Ihre Ruhe? Falsch. Männer mit 60 brauchen ein Lebenswerk.

Jeder möchte etwas Bleibendes zurücklassen. Der eine schreibt ein Buch und hofft, dass es für Jahrhunderte in der Bibliothek der Menschheit Bestand haben wird; der andere wirkt an einer EU-Agrarbestimmung mit, welche allen Bauern Europas für Jahrzehnte Bauchschmerzen verursacht. Ein dritter baut aus schnödem Lehm eine Skulptur, die im Museum ahnungslose Besuchergruppen erschreckt. Und wieder ein anderer sucht und forscht nach der Weltformel, die zwar keiner versteht, weil sie genial einfach, aber zugleich ungeheuer kompliziert ist. Wenn er sie gefunden hat, bekommt er den Nobelpreis und darf in Werbespots für Müllermilch mitmachen.

Mancher Mann mit Lebenswerk scheitert auch kläglich wie der Mailänder Kirchendiener Giacomo Mofetta, der als erster eine verlustfreie Geruchsübertragung per Telefon bewerkstelligen wollte, um in die Analen der Forschung einzugehen. Sein Vorhaben hatte Größe: Der Duft eines gut gereiften Gorgonzola-Käses sollte in nur etwa 2,5 Sekunden von Mailand nach London übertragen werden und kurz danach zurück. Mofetta scheiterte wie viele große Männer an einem scheinbar unbedeutenden Detail: Das von Presse und Fernsehen mit großer Aufmerksamkeit verfolgte Vorhaben misslang, weil er seine in zahlreichen Vorversuchen angewachsenen Telefongebühren nicht bezahlt hatte und die Leitung abgeschaltet worden war. Mofetta erntete völlig unverdient nur den Spott der Journaille ...

Das Lebenswerk des Durchschnittsmannes ist allerdings anders. Kleiner, niedlicher, aber keineswegs völlig unbedeutend. Eben durchschnittlich.

Mein Freund Frank z.B. baut den Kölner Dom aus Coladosenlaschen im Maßstab 2:1 nach. Er trinkt furchtbar viel Cola, und sein Arzt hat ihn schon gewarnt, wenn er so weitermacht, schafft er nicht mal das Schiff, geschweige denn die Türme und er soll entweder den Maßstab ändern oder andere für sich trinken lassen oder einen Sponsorvertrag mit Coca Cola machen. Frank setzte zu Beginn seines Projektes in den sechziger Jahren auf die Korrosionsbeständigkeit von Aluminium, wurde aber schwer enttäuscht, als die Industrie auf Weiß-blech umstellte.

Wieder ein anderer Bekannter frisst z.Z. 208 Eier in 38 Sekunden (=5,47 Eier/s, seine bisherige Bestleistung) und hofft auf Ewigkeit im Guiness-Buch der Rekorde, das ja ohnehin die ganz großen Kulturleistungen der Menschheit dokumentiert. Noch trennt ihn eine ganze Reihe von Magenverstimmungen von seinem Erfolg, und in seinem Cholesterinspiegel kann er sich mühelos rasieren. Nun denn, sei's drum, ein Mann muss Opfer bringen.

Nach meinem Lebenswerk musste ich lange suchen. Zunächst dachte ich daran, eine große Erfindung zu machen, ausgehend von einer scheinbar völlig paradoxen These, z.B: „Der beste Treibstoff für Autos ist Wasser!“ Ich entwarf eine Reihe von Ansätzen und legte sie aber sogleich wieder zu den Akten, denn sobald ich die Begeisterung abschaltete und den gesunden Menschenverstand in Betrieb setzte, erschienen mir meine genialisch-widersinnigen Ansätze doch zu widersinnig.

Dann überlegte ich, mit einem unsterblichen Gericht in die Geschichte der Kochkunst einzugehen und begann zu kochen. Immer einen Bismarck-Hering und ein Bœuf Stroganoff vor Augen buk und briet ich, würzte und probierte und brachte durchaus schmackhafte Bohnen mit Speck und einen geradezu klassischen Rheinischen Süßsauerbraten zustande – aber eben nichts Epoche-Machendes.

Bei einem Eis Fürst-Pückler-Art verwarf ich die Idee.

Dann wollte ich im Gärtnerischen Furore machen und eine schwarze Rose züchten. Ich säte, setzte Stecklinge, goss, grub, pflegte, entlauste, mendelte und veredelte – das Ergebnis war, dass mich meine Freunde für einen Sonderling hielten, der aus farbenfrohen Rosenarten ausgewaschen graue zu züchten versuchte. Meine Frau fragte mich sogar, ob ich Probleme mit unserer Beziehung habe oder warum sonst ich die Rose, das Symbol der Liebe, mit so dauerhaftem Ehrgeiz zu verschandeln trachte.

Daraufhin war mein Pulver verschossen und ich fiel in die große Leere. Ich saß nur noch teilnahmslos in meinem Sorgensessel, sah nervtötende Fernsehprogramme, trank über alle Maßen viel Cognac und Whiskey, rauchte Kette und sah meine Zukunft so finster wie meine Traumrose vor meinem geistigen Auge. Das Nichts bedrohte mich. Ich würde nichts hinterlassen. Niemand würde nach meinem Tode mehr an mich denken, weil nichts von Dauer meinem Leben entwachsen war. Ich hatte versagt, auf der ganzen Linie. Meine Frau versuchte mich aufzuheitern, erinnerte mich an die Tatsache, dass ich meine Midlife-Crisis schon mit 50 gehabt hatte, und löste damit nur weitere finstere Grübeleien aus. Es schien hoffnungslos.

Dazu kamen Nachrichten von großen Taten aus meiner nahen Umgebung, die mich an meine eigene Unzulänglichkeit erinnerten: Unser Nachbar Werner Hofstetter war als Abgeordneter der Grünen in den Stadtrat gewählt worden und hatte dort nun Gelegenheit, sein Lebenswerk anzugehen, das Verbot von Fast-Food-Lokalen in Innenstädten, den Müsli-Sperrbezirk sozusagen. Ich schrumpfte mental zur Größe einer vertrockneten Kartoffel.

Heinz! Bratkartoffeln sind fertig!
Sie fühlen sich ganz leicht im Hier und Jetzt. Sie fragen nach dem Sinn des Lebens. Ihre Gedanken schweben Sie schweben......

Was folgte? Dahinsiechen in geistiger Umnachtung, Selbstmord als letzte Rettung aus der Sinnkrise? Keineswegs.

Ein Tagtraum rettete mich. Ich sah mich selbst in meinem Sorgensessel, und der Postbote übergab mir ein kleines Päckchen. Es war an mich persönlich adressiert, und ich öffnete es ohne große Er wartung. Ich hielt ein Buch mit dem Titel „Der Sinn des Lebens“ in der Hand, auf dem mein Name prangte und der Vorname meines Enkelsohnes. „Lieber Großvater, meinen ersten Roman habe ich dir gewidmet. Es geht um den Sinn des Lebens und ich hoffe, dass er vor deinen Augen Bestand haben wird …“ Wie eine Seifenblase zerplatzte meine Fantasie, als sich die Tür meines Zimmers öffnete und eben dieser Enkel, der zweijährige Timo, ins Zimmer gekrabbelt kam. Er zog einen Stoffhund auf Rädern hinter sich her und sagte: „Opa, wuff …“

Die warme Sonne eines frühen Sommerabends schien, und wir saßen lange Zeit im Sandkasten und bewegten Bedeutendes. Timo errichtete erstaunliche Sandpyramiden und ich schwebte in mystischen Verknüpfungen, zog die Verbindungen zwischen meinem Leben und dem, was noch kommen sollte. Ich begann zu verstehen, sah Zusammenhänge, die mir bisher entgangen waren, und Timo baute Straßen zwischen seinen Sandhaufen. Ein überirdischer Duft riss uns aus unseren Gedankengebäuden, als meine Frau die Terrassentür öffnete und mit metaphysisch überhöhter Stimme rief: „Kommt bitte! Es gibt Apfelpfannkuchen!"

Da wusste ich alles.

… auch wenn die Geburtstage mal nicht so rund sind!

ISBN 3-8231-0887-5

ISBN 3-8231-0888-3

Jeder Band hat ca. 160 Seiten
mit zahlreichen
Schwarz/weiß-Illustrationen,
Format 14 x 21 cm,

ISBN 3-8231-0889-1

TOMUS BÜCHER MACHEN SPASS